Impressum
Verlag: BABADADA GmbH, Nedderfeld 112 , 22529 Hamburg
Geschäftsführer / Verlagsleitung: Harald Hof
Druck: Books on Demand GmbH, In de Tarpen 42, 22848 Norderstedt

Imprint
Publisher: BABADADA GmbH, Nedderfeld 112 , 22529 Hamburg, Germany
Managing Director / Publishing direction: Harald Hof
Print: Books on Demand GmbH, In de Tarpen 42, 22848 Norderstedt

classroom
учиона

divide
делити

186/2

board
плоча

school yard
школско двориште

teacher
наставник

paper
папир

write
писати

pen
хемијска оловка

desk
писаћи сто

ruler
лењир

book
књига

pupil
ученик

satchel

торба

pencil case

перница

pencil

графитна оловка

pencil sharpener

шиљило за оловке

rubber

гумица за брисање

drawing pad

блок за цртање

drawing

цртеж

paintbrush

кист

paint box

кутија са бојама

scissors

маказе

glue

лепило

exercise book

бележница

homework

домаћи задатак

number

број

add

сабирати

subtract

одузимати

multiply

множити

calculate

рачунати

letter

слово

alphabet

абецеда

word

реч

text

текст

read

читати

chalk

креда

lesson

час

register

дневник

exam

испит

certificate

сведочанство

school uniform

школска униформа

education

образовање

encyclopedia

лексикон

university

универзитет

microscope

микроскоп

map

карта

waste-paper basket

кошара за папир

hotel
хотел

Grand

hostel
преноћиште

ROOMS

bureau de change
мењачница

ECHANGE

car
ауто

language

језик

yes / no

да / не

Okay

океј

hello

здраво

translator

преводилац

Thank you

хвала

how much is...?

Колико кошта...?

I do not understand

не разумем

problem

проблем

Good evening!

добро вече!

Good morning!

Добро јутро!

Good night!

Лаку ноћ!

bye bye

довиђења

direction

смер

luggage

пртљага

bag

торба

backpack

руксак

guest

гост

room

соба

sleeping bag

вређа за спавање

tent

шатор

tourist information

туристичке информације

beach

плажа

credit card

кредитна картица

breakfast

доручак

lunch

ручак

dinner

вечера

ticket

карта за вожњу

lift

лифт

stamp

поштанска маркица

border

граница

customs

царина

embassy

амбасада

visa

виза

passport

пасош

aeroplane
авион

ship
брод

fire engine
ватрогасно возило

bus
аутобус

truck
теретно возило

motorboat
моторни чамац

car
ауто

bike
бицикл

ferry

трајект

boat

чамац

motorbike

мотоцикл

police car

полицијски ауто

racing car

тркаћи ауто

rental car

изнајмљено ауто

car sharing

дељење аутомобила

breakdown truck

вучно возило

refuse truck

возило за одвоз смећа

motor

мотор

fuel

бензин

petrol station

бензинска станица

traffic sign

саобраћајни знак

traffic

саобраћај

traffic jam

застој

car park

паркиралиште

train station

железничка станица

tracks

шине

train

воз

tram

трамвај

carriage

вагон

helicopter

хеликоптер

airport

аеродром

tower

кула

passenger

путник

container

контејнер

carton

картон

cart

колица

basket

корпа

take off / land

узлетети / слетети

city

град

village

село

city centre

центар града

house

кућа

cinema
кино

advert
реклама

street lamp
улична светиљка

CINEMA

street
улица

taxi
такси

snack shop
киоск

pedestrian
пешак

pavement
тротоар

zebra crossing
пешачки прелаз

bin
контејнер за отпад

crossing
раскрсница

traffic lights
семафор

hut
колиба

flat
стан

train station
железничка станица

town hall
већница

museum
музеј

school
школа

city - град

11

university

универзитет

bank

банка

hospital

болница

hotel

хотел

pharmacy

апотека

office

канцеларија

book shop

књижара

shop

продавница

florist's

цвећара

supermarket

супермаркет

market

трг

department store

робна кућа

fishmonger's

рибарница

shopping centre

трговачки центар

harbour

лука

park

парк

bench

клупа

bridge

мост

stairs

степенице

underground

подземна железница

tunnel

тунел

bus stop

аутобуска станица

bar

бар

restaurant

ресторан

postbox

поштанско сандуче

street sign

улични знак

parking meter

паркирни аутомат

zoo

зоолошки врт

swimming pool

базен

mosque

џамија

farm

сеоско газдинство

pollution

загађење околине

graveyard

гробље

church

црква

playground

игралиште

temple

храм

landscape

пејсаж

signpost
путоказ

way
пут

meadow
ливада

stone
камен

tree
дрво

hiker
шетач

river
река

grass
трава

flower
цвет

valley

долина

hill

планина

lake

језеро

forest

шума

desert

пустиња

volcano

вулкан

castle

дворац

rainbow

дуга

mushroom

гљива

palm tree

палма

mosquito

москито

fly

мува

ant

мрав

bee

пчела

spider

паук

beetle

буба

frog

жаба

squirrel

веверица

hedgehog

јеж

hare

зец

owl

сова

bird

птица

swan

лабуд

boar

дивља свиња

deer

јелен

moose

лос

dam

насип

wind turbine

ветрењача

solar panel

соларна плоча

climate

клима

waiter
конобар

menu
јеловник

chair
столица

soup
супа

pizza
пица

cutlery
прибор за јело

tablecloth
стољњак

starter
предјело

main course
главно јело

dessert
десерт

drinks
напитци

food
јело

bottle
флаша

fast food

брза храна

street food

имбис храна

teapot

чајник

sugar bowl

доза за шећер

portion

порција

espresso machine

апарат за еспресо

high chair

висока столица

bill

рачун

tray

послужавник

knife

нож

fork

виљушка

spoon

кашика

teaspoon

чајна кашика

serviette

салвета

glass

чаша

plate

тањир

soup plate

тањир за супу

saucer

тањирић

sauce

сос

salt pot

сољенка

pepper mill

млин за бибер

vinegar

сирће

oil

уље

spices

зачини

ketchup

кечап

mustard

сенф

mayonnaise

мајонеза

special offer
понуда

customer
купац

dairy
млечни производи

fruit
воће

trolley
колица за куповину

butcher's
месница

baker's
пекара

weigh
вагати

vegetables
поврће

meat
месо

frozen food
смрзнута храна

cold meat

нарезак

tinned food

конзерве

washing powder

средство за прање

sweets

слаткиши

household products

артикли за домаћинство

cleaning products

средства за чишћење

salesperson

продавачица

till

благајна

cashier

благајник

shopping list

листа за куповину

opening hours

време рада

wallet

новчаник

credit card

кредитна картица

bag

торба

plastic bag

пластична кеса

drinks

напитци

water
вода

juice
сок

milk
млеко

coke
кола

wine
вино

beer
пиво

alcohol
алкохол

cocoa
какао

tea
чај

coffee
кава

espresso
еспресо

cappuccino
капућино

banana

банана

apple

јабука

orange

наранџа

melon

лубеница

lemon

лимун

carrot

шаргарепа

garlic

бели лук

bamboo

бамбус

onion

лук

mushroom

гљива

nuts

орашасти плодови

noodles

резанци

spaghetti

шпагете

rice

рижа

salad

салата

chips

помфрит

fried potatoes

печени крумпир

pizza

пица

hamburger

хамбургер

sandwich

сендвич

cutlet

шницла

ham

шунка

salami

салама

sausage

кобасица

chicken

кокош

roast

печење

fish

риба

porridge oats

зобене пахуљице

muesli

мусли

cornflakes

кукурузне пахуљице

flour

брашно

croissant

кроасан

bread roll

пециво

bread

хлеб

toast

тоаст

biscuits

кекси

butter

маслац

curd

свежи сир

cake

колач

egg

јаје

fried egg

јаје на око

cheese

сир

food - јело

ice cream

сладолед

sugar

шећер

honey

мед

jam

мармелада

chocolate spread

нугат крема

curry

кари

goat	cow	calf
коза	крава	теле

pig	piglet	bull
свиња	прасе	бик

goose
гуска

duck
патка

chick
пилићи

hen
кокош

cock
петао

rat
пацов

cat
мачка

mouse
миш

ox
вол

dog
пас

doghouse
кућица за пса

garden hose
вртно црево

watering can
канта за поливање

scythe
коса

plough
плуг

sickle

срп

hoe

мотика

pitchfork

виљушка за ђубриво

axe

секира

wheelbarrow

тачке

trough

корито

milk can

посуда за млеко

sack

врећа

fence

ограда

stable

штала

greenhouse

стакленик

soil

земља

seed

семе

fertilizer

ђубриво

combine harvester

комбајн

harvest

жети

harvest

жетва

yams

јамс зачин

wheat

пшеница

soy

соја

potato

крумпир

corn

кукуруз

rapeseed

уљана репица

fruit tree

воћка

cassava

гомољ маниоке

cereals

житарице

farm - сеоско газдинство

living room

дневна соба

bathroom

купаоница

kitchen

кухиња

bedroom

спаваћа соба

child's room

дечија соба

dining room

трпезарија

floor

под

wall

зид

ceiling

строп

cellar

подрум

sauna

сауна

balcony

балкон

terrace

тераса

pool

базен

lawn mower

косилица за траву

sheet

постељина за кревет

bedspread

дека за кревет

bed

кревет

broom

метла

bucket

канта

switch

прекидач

carpet
тепих

curtain
завеса

table
сто

chair
столица

rocking chair
столица за њихање

armchair
фотеља

book

књига

blanket

дека

decoration

декорација

firewood

дрво за огрев

film

филм

hi-fi equipment

хи-фи уређај

key

кључ

newspaper

новине

painting

слика на платну

poster

постер

radio

радио

notepad

блок за писање

hoover

усисивач

cactus

кактус

candle

свећа

fridge
фрижидер

microwave oven
микроталасна рерна

kitchen scales
кухињска вага

detergent
средство за чишћење

toaster
тоастер

oven
рерна

freezer
претинац за замрзавање

dishwasher
машина за прање суђа

cooker
шпорет

pot
лонац

cast-iron pot
гвоздени лонац

wok / kadai
вок / кадаи

pan
тава

kettle
кувало за воду

steamer

кувало на пару

baking tray

лим за печење

crockery

посуђе

mug

чаша

bowl

посуда

chopsticks

штапићи за јело

ladle

кутлача

spatula

лопатица

whisk

пењача

strainer

сито за кување

sieve

сито

grater

рибеж

mortar

мужар

barbecue

роштиљ

open fire

огњиште

chopping board
....
даска

rolling pin
....
оклагија

corkscrew
....
вадичеп

can
....
конзерва

can opener
....
отварач конзерви

pot holder
....
крпа за лонац

sink
....
судопер

brush
....
четка

sponge
....
сунђер

blender
....
миксер

deep freezer
....
замрзивач

baby bottle
....
флашица за бебе

tap
....
славина за воду

heating
грејање

shower
туш

towel
пешкир

shower curtain
завеса за туш

bubble bath
пенушава купка

bathtub
када

glass
чаша

washing machine
машина за прање веша

tiles
плочице

tap
славина за воду

potty
тута

sink
судопер

toilet
тоалет

squat toilet
чучавац

bidet
бидет

urinal
писоар

toilet paper
тоалетни папир

toilet brush
четка за тоалет

toothbrush

четкица за зубе

toothpaste

паста за зубе

dental floss

конац за зубе

wash

прати

handheld shower

туш ручица

douche

туш за прање интимних делова

basin

лавор

back brush

четка за прање леђа

soap

сапун

shower gel

гел за туширање

shampoo

шампон

flannel

крпа за прање

drain

одвод

cream

крема

deodorant

дезодоранс

mirror

огледало

hand mirror

козметичко огледало

razor

бријач

shaving foam

пена за бријање

aftershave

лосион за после бријања

comb

чешаљ

brush

четка

hair dryer

фен за косу

hairspray

спреј за косу

makeup

шминка

lipstick

руж за усне

nail varnish

лак за нокте

cotton wool

вата

nail scissors

маказе за нокте

perfume

парфем

washbag

козметичка торбица

stool

столица

weighing scale

вага

bathrobe

огртач

rubber gloves

рукавице за чишћење

tampon

тампон

sanitary towel

уложак

chemical toilet

хемијски тоалет

alarm clock
будилник

cuddly toy
плишана играчка

toy car
ауто играчка

rattle
звечка

doll's house
кућица за лутке

present
поклон

balloon

балон

bed

кревет

pram

дјечија колица

deck of cards

игра са картама

jigsaw

слагалица

comic

стрип

lego bricks
лего коцкице

building blocks
коцкице за слагање

action figure
акциони јунак

babygrow
бенкица за бебе

frisbee
фризби

mobile
висеће играчке

board game
друштвене игре

dice
коцка

model train set
минијатурна жељезница

dummy
дуда

party
забава

picture book
сликовница

ball
лопта

doll
лутка

play
играти

sandpit

пешчаник

swing

љуљачка

toys

играчка

video game console

конзола за игре

tricycle

трицикл

teddy bear

теди

wardrobe

ормар

clothing

одећа

socks

кратке чарапе

stockings

чарапе

tights

хулахопке

scarf
шал

umbrella
кишобран

t-shirt
мајица

belt
каиш

boots
чизме

slippers
папуче

trainers
патике

sandals
сандале

shoes
ципеле

rubber boots
гумене чизме

underpants
гаћице

bra
грудњак

vest
поткошуља

clothing - одећа

body

боди

trousers

панталоне

jeans

фармерке

skirt

сукња

blouse

блуза

shirt

кошуља

pullover

џемпер

hoodie

џемпер с капуљачом

blazer

сако

jacket

јакна

coat

мантил

raincoat

кабаница

costume

костим

dress

хаљина

wedding dress

венчаница

suit

одело

nightgown

спаваћица

pyjamas

пиџама

sari

сари

headscarf

марама за главу

turban

турбан

burqa

бурка

kaftan

кафтан

abaya

абаја

swimsuit

купаћи костим

trunks

купаће гаћице

shorts

кратке панталоне

tracksuit

одећа за тренинг

apron

кецеља

gloves

рукавице

button

дугме

glasses

наочаре

bracelet

наруквица

necklace

огрлица

ring

прстен

earring

наушница

cap

капа

coat hanger

вешалица

hat

шешир

tie

краватa

zip

патент затварач

helmet

кацига

braces

нараменице

school uniform

школска униформа

uniform

униформа

bib

подбрадак

dummy

дуда

nappy

пелена

server
сервер

filing cabinet
ормар за списе

printer
штампач

paper
папир

monitor
монитор

mouse
миш

desk
писаћи стол

folder
мапа

keyboard
тастатура

chair
столица

waste-paper basket
кошара за папир

computer
компјутер

coffee mug

шалица за каву

calculator

калкулатор

internet

интернет

laptop

лаптоп

letter

писмо

message

порука

mobile

мобилни телефон

network

мрежа

photocopier

уређај за копирање

software

софтвер

telephone

телефон

plug socket

утичница

fax machine

факс

form

формулар

document

документ

office - канцеларија

buy

куповати

pay

платити

trade

трговати

money

новац

dollar

долар

euro

евро

yen

јен

rouble

рубља

Swiss franc

швајцарски франак

renminbi yuan

ренминдби јуан

rupee

рупија

cashpoint

аутомат за новац

bureau de change

мењачница

gold

злато

silver

сребро

oil

нафта

energy

енергија

price

цена

contract

уговор

tax

порез

stock

деонице

work

радити

employee

службеник

employer

послодавац

factory

фабрика

shop

продавница

police officer
полицајац

fireman
ватрогасац

cook
кувар

doctor
лекар

pilot
пилот

gardener

вртлар

carpenter

столар

seamstress

кројачица

judge

судија

chemist

хемичар

actor

глумац

bus driver

возач аутобуса

taxi driver

возач таксија

fisherman

рибар

cleaning lady

чистачица

roofer

кровопокривач

waiter

конобар

hunter

ловац

painter

сликар

baker

пекар

electrician

електричар

builder

грађевински радник

engineer

инжењер

butcher

месар

plumber

лимар

postman

поштар

soldier

војник

architect

архитекта

cashier

благајник

florist

цвећар

hairdresser

фризер

conductor

кондуктер

mechanic

механичар

captain

капетан

dentist

зубар

scientist

научник

rabbi

раби

imam

имам

monk

монах

clergyman

свећеник

occupations - занимања

hammer
чекић

pliers
клешта

screwdriver
одвијач

spanner
кључ за завртње

torch
џепна лампа

digger
багер

toolbox
кутија за алат

ladder
мердевине

saw
пила

nails
ексер

drill
бушилица

repair
....
поправити

shovel
....
лопата

Damn!
....
до ђавола!

dustpan
....
лопатица

paint pot
....
лонац за боју

screws
....
завртањи

musical instruments
музички инструмент

loudspeaker
звучник

drum kit
бубњеви

guitar
гитара

double bass
контрабас

trumpet
труба

piano

клавир

violin

виолина

bass

бас

timpani

тимпани

drums

удараљке за бубњеве

keyboard

типке клавира

saxophone

саксофон

flute

флаута

microphone

микрофон

tiger
тигар

entrance
улаз

cage
кавез

zebra
зебра

animal feed
храна за животиње

panda
панда

animals

животиње

elephant

слон

kangaroo

кенгур

rhino

носорог

gorilla

горила

bear

медвед

camel

камила

ostrich

нoj

lion

лав

monkey

мajмун

flamingo

фламинго

parrot

папагaj

polar bear

поларни медвед

penguin

пингвин

shark

ajкула

peacock

паун

snake

змиja

crocodile

крокодил

zookeeper

чувар у зоолошком врту

seal

туљан

jaguar

jaгуар

pony
пони

leopard
леопард

hippo
нилски коњ

giraffe
жирафа

eagle
орао

boar
дивља свиња

fish
риба

turtle
корњача

walrus
морж

fox
лисица

gazelle
газела

American football
амерички ногомет

cycling
бициклизам

tennis
тенис

basketball
кошарка

swimming
пливање

boxing
бокс

ice hockey
хокеј на леду

football
фудбал

badminton
бадминтон

athletics
атлетика

handball
рукомет

skiing
скијање

polo
поло

jump
скочити

hug
загрлити

laugh
смејати се

walk
ићи

sing
певати

dream
сањати

pray
молити се

kiss
пољубити

write
писати

draw
цртати

show
показати

push
гурати

give
дати

take
узети

have

имати

do

чинити

be

бити

stand

стојати

run

трчати

pull

повлачити

throw

бацити

fall

падати

lie

лежати

wait

чекати

carry

носити

sit

седити

get dressed

облачити

sleep

спавати

wake up

пробудити се

look at

гледати

cry

плакати

stroke

миловати

comb

чешљати

talk

говорити

understand

разумети

ask

питати

listen

слушати

drink

пити

eat

јести

tidy up

поспремити

love

волети

cook

кухати

drive

возити

fly

летети

activities - активности

sail

пловити

calculate

рачунати

read

читати

learn

учити

work

радити

marry

венчати се

sew

шити

brush teeth

прати зубе

kill

убити

smoke

пушити

send

послати

grandmother
бака

grandfather
деда

father
отац

mother
мајка

baby
беба

daughter
кћерка

son
син

guest

гост

aunt

тетка

uncle

ујак, стриц

brother

брат

sister

сестра

body

тело

forehead
чело

eye
око

shoulder
раме

finger
прст

face
лице

chin
брада

hand
рука

breast
груди

leg
нога

arm
рука

baby

беба

man

мушкарац

woman

жена

girl

девојчица

boy

дечак

head

глава

back

лећа

belly

стомак

belly button

пупак

toe

ножни прст

heel

пета

bone

кост

hip

кукови

knee

колено

elbow

лакат

nose

нос

bottom

задњица

skin

кожа

cheek

образ

ear

уво

lip

усна

body - тело

mouth

уста

tooth

зуб

tongue

језик

brain

мозак

heart

срце

muscle

мишић

lung

плућа

liver

јетра

stomach

желудац

kidneys

бубрези

sex

полни однос

condom

кондом

ovum

јајна ћелија

semen

сперма

pregnancy

трудноћа

menstruation

менструација

vagina

вагина

penis

пенис

eyebrow

обрва

hair

коса

neck

врат

body - тело

hospital
болница

ambulance
болничко возило

wheelchair
инвалидска колица

fracture
лом

doctor

лекар

emergency room

хитна медицинска служба

nurse

медицинска сестра

emergency

хитни случај

unconscious

несвест

pain

бол

injury

повреда

bleeding

крварење

heart attack

срчани удар

stroke

удар

allergy

алергија

cough

кашаљ

fever

грозница

flu

грипа

diarrhoea

пролив

headache

главобоља

cancer

рак

diabetes

дијабетес

surgeon

хирург

scalpel

скалпел

operation

операција

hospital - болница

CT
цт

x-ray
рентген

ultrasound
ултразвук

face mask
маска

disease
болест

waiting room
чекаона

crutch
штака

plaster
фластер

bandage
завој

injection
ињекција

stethoscope
стетоскоп

stretcher
носила

clinical thermometer
термометар

birth
рођење

overweight
прекомерна тежина

hearing aid

слушни апарат

disinfectant

средство за дезинфекцију

infection

инфекција

virus

вирус

HIV / AIDS

хив / аидс

medicine

медицина

vaccination

вакцинација

tablets

таблете

pill

пилула

emergency call

хитни позив

blood pressure monitor

уређај за мерење притиска

ill / healthy

болесно / здраво

Help!

помоћ!

alarm

аларм

assault

насртај

attack

напад

danger

опасност

emergency exit

излаз у случају нужде

Fire!

пожар!

fire extinguisher

противпожарни апарат

accident

незгода

first-aid kit

кутија прве помоћи

SOS

сос

police

полиција

Europe

Европа

North America

Северна Америка

South America

Јужна Америка

Africa

Африка

Asia

Азија

Australia

Аустралија

Atlantic

Атлантик

Pacific

Пацифик

Indian Ocean

Индијски океан

Antarctic Ocean

Антарктички океан

Arctic Ocean

Арктички океан

North Pole

Северни рол

South Pole

Јужни рол

Antarctica

Антарктик

Earth

земља

land

земља

sea

море

island

оток

nation

нација

state

држава

clock face

бројчаник сата

hour hand

сатна казаљка

minute hand

минутна казаљка

second hand

секундна казаљка

What time is it?

Колико је сати?

day

дан

time

време

now

сада

digital watch

дигитални сат

minute

минута

hour

час

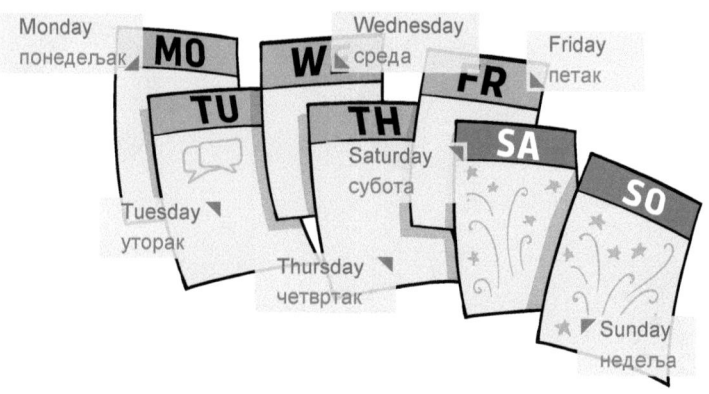

Monday
понедељак

Wednesday
среда

Friday
петак

Tuesday
уторак

Thursday
четвртак

Saturday
субота

Sunday
недеља

yesterday

јуче

today

данас

tomorrow

сутра

morning

јутро

noon

подне

evening

вече

business days

радни дани

weekend

викенд

rain
киша

spring
пролеће

summer
лето

wind
ветар

autumn
јесен

snow
снег

winter
зима

weather forecast
метеоролошка прогноза

thermometer
термометар

sunshine
сунчана светлост

cloud
облак

fog
магла

humidity
влажност ваздуха

lightning

муња

thunder

грмљавина

storm

олуја

hail

туча

monsoon

монсун

flood

поплава

ice

лед

January

јануар

February

фебруар

March

март

April

април

May

мај

June

јуни

July

јули

August

август

September
....
септембар

October
....
октобар

November
....
новембар

December
....
децембар

shapes
облици

circle
....
круг

square
....
квадрат

rectangle
....
правоугао

triangle
....
троугао

sphere
....
кугла

cube
....
коцка

white

бела

yellow

жута

orange

наранџаста

pink

ружичаста

red

црвена

purple

љубичаста

blue

плава

green

зелена

brown

смеђа

grey

сива

black

црна

a lot / a little

много / мало

angry / calm

љутито / мирно

beautiful / ugly

лепо / ружно

beginning / end

почетак / крај

big / small

велико / малено

bright / dark

светло / тамно

brother / sister

брат / сестра

clean / dirty

чисто / прљаво

complete / incomplete

потпуно / непотпуно

day / night

дан / ноћ

dead / alive

мртво / живо

wide / narrow

широко / уско

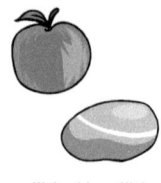

edible / inedible

јестиво / нејестиво

evil / kind

зло / добро

excited / bored

узбуђено / досадно

fat / thin

дебело / мршаво

first / last

на почетку / на крају

friend / enemy

пријатељ / непријатељ

full / empty

пуно / празно

hard / soft

тврдо / мекано

heavy / light

тешко / лагано

hunger / thirst

глад / жеђ

ill / healthy

болесно / здраво

illegal / legal

илегално / легално

intelligent / stupid

паметно / глупо

left / right

лево / десно

near / far

близу / далеко

new / used

ново / половно

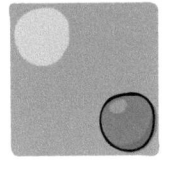

nothing / something

ништа / нешто

old / young

старо / младо

on / off

укључено / искључено

open / closed

отворено / затворено

quiet / loud

тихо / гласно

rich / poor

богато / сиромашно

right / wrong

тачно / погрешно

rough / smooth

храпаво / глатко

sad / happy

тужно / сретно

short / long

кратко / дуго

slow / fast

полако / брзо

wet / dry

мокро / сухо

warm / cool

топло / хладно

war / peace

рат / мир

numbers
бројеви

0

zero

нула

1

one

један

2

two

два

3

three

три

4

four

четири

5

five

пет

6

six

шест

7

seven

седам

8

eight

осам

9

nine

девет

10

ten

десет

11

eleven

једанаест

12

twelve

дванаест

13

thirteen

тринаест

14

fourteen

четрнаест

15

fifteen

петнаест

16

sixteen

шестнаест

17

seventeen

седамнаест

18

eighteen

осамнаест

19

nineteen

деветнаест

20

twenty

двадесет

100

hundred

стотину

1.000

thousand

хиљаду

1.000.000

million

милион

numbers - бројеви

English
енглески

American English
амерички енглески

Chinese Mandarin
мандарински кинески

Hindi
хиндски

Spanish
шпански

French
француски

Arabic
арапски

Russian
руски

Portuguese
португалски

Bengali
бенгалски

German
немачки

Japanese
јапански

I

ja

you

ти

he / she / it

он / она / оно

we

ми

you

ви

they

они

who?

Ко?

what?

Шта?

how?

Како?

where?

Где?

when?

Када?

name

име

behind

иза

in

у

in front of

испред

over

преко

on

на

under

испод

beside

поред

between

између

place

место